Warum selbstständig lernen?

Selbstständiges, eigenverantwortliches Lernen, innere Differenzierung, individualisierter Unterricht sind Stichworte, die die aktuelle pädagogische und bildungspolitische Debatte bestimmen – seit kurzem auch zunehmend in der Sekundarstufe I.

Engagierte Lehrer unterrichten schon seit Jahrzehnten erfolgreich in Projekten. Aber viele Schüler erlebten in den letzten Jahren die jährliche Projektwoche als quasi zusätzliche Ferienwoche, in der man herrlich „chillen" kann. Nachdem in den 80er Jahren der Glaubenskampf zwischen „Reformpädagogen" und traditionellen Lehrern um „offenen Unterricht" tobte, ist das Thema „selbstständiges Lernen" – heute entideologisiert – fast schon Mainstream geworden, seit in den Bildungs- und Rahmenplänen aller Bundesländer Formen des individualisierten, zunehmend binnendifferenzierten Unterrichts und Formen des selbstständigen Lernens als verbindlich gesetzt wurden.

Die Argumente für selbstständiges Lernen sind seit vielen Jahren bekannt (siehe: Thomas Unruh & Susanne Petersen: Guter Unterricht. Handwerkszeug für Unterrichtsprofis. AOL-Verlag 2001).

Warum selbstständig lernen?

Veränderte Schüler

Kinder und Jugendliche von heute sind anders als früher. Über negative Entwicklungen wird in Lehrerzimmern oft geklagt: Die Schülerinnen und Schüler wüssten und könnten weniger als früher, sie könnten sich weniger konzentrieren, seien regelloser, aggressiver und weniger anstrengungsbereit als früher. Auf der anderen Seite attestieren Forschungsergebnisse Kindern und Jugendlichen von heute größeren Individualismus, der zu wachsender Heterogenität in den Klassen führt, gewachsenes Selbstvertrauen und u.a. eine Reihe „neuer" Kompetenzen und Kenntnisse, was manchmal bereits im Grundschulalter dazu führt, dass Kinder ihren Lehrern in Kenntnissen und Verhaltensweisen überlegen sind.

Mehr Informationen und Fakten hier:
Klaus Hurrelmann, Mathias Albert:
Jugend 2006. 15. Shell Jugendstudie; Fischer 2006.
(www.shell-jugendstudie.de)

Obwohl zum Teil dramatische Veränderungen allerorten konstatiert, oft sogar beklagt werden, werden daraus noch nicht immer spürbare Konsequenzen für den Unterricht gezogen. Selbstständiges Lernen ist eine sinnvolle Möglichkeit, den veränderten Kindern und Jugendlichen besser gerecht zu werden.

Warum selbstständig lernen?

Erlernen von Schlüsselqualifikationen

Die Beherrschung von Schlüsselqualifikationen wird heute ganz selbstverständlich in vielen Stellenanzeigen gefordert. Ähnlich wie beim Thema Allgemeinbildung wird auch in diesem Bereich von Seiten der Wirtschaft Mangel festgestellt. In vielen Ausbildungsunternehmen steht deshalb das Thema „Nachhilfe in Sachen Schlüsselqualifikationen" zu Beginn der betrieblichen Ausbildung.

Unerlässliche Schlüsselqualifikationen, deren Training im traditionellen Frontalunterricht zu kurz kommt, sind:

- Selbstständig Probleme zu lösen, statt vorgegebene Antworten auswendig zu lernen. Kompetente Fragen stellen zu können, statt ausschließlich Fragen zu beantworten
- Der Mut, Fehler zu machen, statt diese ängstlich zu vermeiden
- Mit anderen erfolgreich zu kooperieren, statt sich als Einzelkämpfer abzustrampeln
- Mit anderen erfolgreich zu kommunizieren, statt ihnen ängstlich aus dem Weg zu gehen

Selbstständiges Lernen bietet von der Methodik her geeignete Voraussetzungen zum Erwerb eben dieser Schlüsselqualifikationen.

Burnout

Selbstständiges Lernen ist ein erfolgreiches Mittel gegen Burnout. Bei allen gut gemachten Formen selbstständigen Lernens braucht der Lehrer zunehmend weniger als Disziplinator in Erscheinung zu treten, also als derjenige, der jederzeit alle und alles im Griff hat. Und solches zu leisten (oder zu glauben, es tun zu müssen) strengt einfach sehr an. Es ist deshalb kein Wunder, dass sich viele Lehrerinnen und Lehrer spätestens ab fünfzig erschöpft, „ausgebrannt" fühlen: Die Zahl der Frühpensionierungen spricht Bände! Doch auch die Lehrer, die weiterhin vor der Klasse stehen, bleiben in einem Teufelskreis stecken: Wie soll ein „ausgebrannter" Lehrer seine Schüler „entflammen", für Themen des Unterrichts begeistern? Und wer will es den dermaßen nicht-begeisterten Schülern verübeln, wenn sie gelangweilt, demotiviert und im schlimmsten Falle massiv störend reagieren?

Selbstständiges Lernen liegt deshalb nicht allein im Interesse der Lernenden, sondern genauso im Interesse der Lehrerinnen und Lehrer! Eine klassische Win-Win-Situation!

Mehr lernen

Last but not least: Alle nationalen und internationalen Untersuchungen zeigen, dass viele Ergebnisse schulischen Lernens in Deutschland unbefriedigend sind. Das nach wie vor zentrale Anliegen von Schule, das Können und Wissen von Schülern zu fördern, wird bei weitem nicht in dem Maße erreicht, wie es versucht wird. Dies allein müsste Grund genug sein, die bisherigen Wege, auf denen das Ziel erreicht werden sollte, kritisch zu hinterfragen. Nach wie vor aber heißt der am häufigsten benutzte (und deshalb allein schon ziemlich ausgetretene) Weg: Alle Schüler machen zur gleichen Zeit das Gleiche, im Unterricht redet immer nur einer, alle lernen immer dasselbe. Dass dieser Weg nicht ans Ziel führt, ist bekannt. Alternative Formen des selbstständigen Lernens eröffnen Möglichkeiten, dass Schüler mehr lernen, besser lernen, mehr behalten, mehr wissen und Gelerntes besser anwenden können.

Wie funktioniert selbstständiges Lernen?

In vielen allgemeinbildenden Schulen heißt „selbstständiges Lernen" spätestens ab Klasse 5: Stillarbeit, also das individuelle Ausfüllen von Arbeitsblättern im Gleichschritt (alle Schüler tun dasselbe). Im Anschluss daran erfolgt in der Regel eine gemeinsame Ergebniskontrolle. Lernmethode Nummer eins ist und bleibt der klassische belehrende Frontalunterricht und das Lernen im Gleichschritt.

Selbstständiges Lernen, das den unterschiedlichen Lernvoraussetzungen, den unterschiedlichen Kompetenzen und Interessen der Schüler gerecht wird, baut auf **fünf Grundprinzipien** auf:

Prinzip 1:
Gleichzeitig an unterschiedlichen, leistungs- und interessendifferenzierten Aufgaben arbeiten

Die „Aufgaben" werden in unterschiedlicher Form erteilt:

- Als Arbeitsblätter, die nicht gemeinsam nacheinander bearbeitet werden müssen, sondern in Form eines Sets verschiedener Arbeitsblätter, die thematisch und hinsichtlich ihres Schwierigkeitsgrades differenziert sind. Die Schüler wählen daraus die für sie passenden Arbeitsblätter aus, bzw. sie erhalten Hinweise von der Lehrkraft, welche Arbeitsblätter ihren Lernvoraussetzungen am besten entsprechen.
- Die Aufgaben können auch als „Stationen" einer Stationsarbeit gegeben werden. Die Schüler laufen die jeweiligen Stationen nach festgelegten Regeln an und bearbeiten die Aufgaben an der jeweiligen Station.
- In „Werkstätten" sind „Chefs" Experten für bestimmte Themen oder bestimmte Aufgaben.

Wie funktioniert selbstständiges Lernen?

Prinzip 2:
Trainingsaufgaben (Üben und Wiederholen)
mit Selbstkontrolle plus handlungs- und projektorientierte Aufgaben

Trainingsaufgaben zum Üben und Wiederholen werden von den Schülern mithilfe der vom Lehrer zur Verfügung gestellten Lösungen **selbst** (oder gegenseitig mit einem Partner) kontrolliert, ggf. auch bewertet. Die traditionelle gemeinsame Ergebniskontrolle ist ermüdend und hat für den einzelnen Schüler einen minimalen Lerneffekt.

Im Zentrum der selbstständigen Arbeit aber stehen handlungs- und projektorientierte Aufgaben, die dem Transfer, der Vertiefung und Anwendung des Lernstoffes dienen. Hier geht es beispielsweise um selbstständige Recherche (in und außerhalb der Schule), um Interviews, um Dokumentation, um Vorbereitung von Präsentationen.

Prinzip 3:
Kooperation

Selbstständiges Lernen geschieht sowohl allein (in Ruhe) und regelmäßig auch gemeinsam: mit einem Partner oder in einer kleinen Gruppe. Wenn gemeinsames Lernen nach klaren Regeln erfolgt, bringt es Lernvorteile für leistungsstarke Lerner ebenso wie für langsame Lerner.

Prinzip 4: Begründungen

Viele Schüler fühlen sich durch Formen selbstständigen Lernens verunsichert. Sie fordern den klaren, vertrauten Rahmen des Unterrichts „im Gleichschritt, marsch!". Sie spüren, dass sie im stärker individualisierten Unterricht mehr **selbst die Verantwortung für ihr Lernen** tragen müssen, sie sind es aber gewohnt, das zu tun, was man ihnen sagt. Trotz der damit verbundenen Einengungen vermittelt ihnen traditioneller „Beibringunterricht" einen sicheren Rahmen. Nicht zuletzt kann man sich im traditionellen Frontalunterricht auch besser verstecken. Wer schüchtern ist, sagt halt nichts oder vertraut darauf, aufgrund seines Fleißes bei der Erledigung schriftlicher Aufgaben gute Noten zu bekommen. Und schließlich kann man im Frontalunterricht ja oft auch wunderbar abschalten und seinen Gedanken nachgehen, ohne dass es groß auffällt.

Andere Schüler nutzen (zumindest anfangs) die größeren „Freiheiten" des selbstständigen Lernens, um sich vor dem Lernen und den Anstrengungen des Lernens zu drücken. Sie lassen andere (leistungsstärkere Schüler) für sich arbeiten oder schreiben Lösungsblätter einfach ab.

In beiden Fällen braucht es gute, plausible, tragfähige Begründungen für das selbstständige, eigenverantwortliche Lernen: Für die „Philosophie" des selbstständigen Lernens ebenso wie für einzelne Methoden.

Prinzip 5:
Organisation und Regeln

Das selbstständige Lernen braucht einen klaren Organisationsrahmen und klare Regeln. Beispielsweise müssen folgende Organisationsfragen geklärt sein:

- In welcher Weise werden Arbeitsblätter zur Verfügung gestellt?
- Gibt es Kopien für jeden Schüler oder gibt es nur einzelne Exemplare von jedem Arbeitsblatt, das nach Bearbeitung wieder zurückgelegt wird?
- Wie findet man das für seine Lernvoraussetzungen angemessene Arbeitsblatt?
- Wie erhält man die Lösungen zu „Trainingsaufgaben"?
- Wie ist Stationsarbeit organisiert?
- Was ist die Aufgabe von Chefs? Wie wird man Chef?
- Welche Regeln gelten für die selbstständige Arbeit im Klassenraum, außerhalb des Klassenraums, am Computer?

Selbstständig lernen: Gelingensvoraussetzungen

Schülern etwas zutrauen! Schüler fordern!

Auch für den Erfolg des selbstständigen Lernens gilt das „Gesetz" der „self-fulfilling prophecy", der „sich selbst erfüllenden Prophezeiung". Je mehr ich Schülern zutraue, sich selbstständig organisieren und erfolgreich selbstständig lernen zu können, um so eher wird genau das geschehen – und umgekehrt! Die Anwendung dieses „Gesetzes" bedeutet nicht, naiv darauf zu vertrauen, dass alle Schüler schon gewissermaßen von selbst konstruktiv selbstständig lernen. Jugendliche, ganz besonders in der Pubertät, brauchen Regeln, Grenzen, Anregungen und Konsequenzen. Schülern etwas zutrauen, bedeutet sie zu fordern, ihnen nicht das Denken und die Anstrengung abzunehmen, ihnen nicht alles kleinschrittigst zu erklären (und damit unbewusst zu signalisieren, dass man ihnen gar nichts zutraut) und auch nicht jede Frage sofort zu beantworten.

Beispiele geben!

Meistens wird im Unterricht einfach nur angesagt: „Ihr sollt zusammen arbeiten!", „Ihr sollt den Text bearbeiten!" usw. Wie das genau geht, zum Beispiel gut zusammen zu arbeiten oder selbstständig einen Text zu erarbeiten, wird in der Regel nicht verraten. Man darf sich dann nicht wundern, wenn das selbstständige Lernen nicht funktioniert. Es wäre fatal, dafür einfach den Schülern die Schuld zu geben: „Meine Schüler können einfach nicht selbstständig lernen!"

Man sollte die Fragen des „Wie" deshalb ausführlich anhand von konkreten Beispielen besprechen. Beispiele sollen anregen, sie sind keine Vorschriften. Schüler müssen unter Umständen darauf hingewiesen werden, dass es nicht darum geht, ein Beispiel quasi eins zu eins nachzumachen.

Selbstständig lernen: Gelingensvoraussetzungen

Sehr hilfreich kann es sein, bestimmte Arbeitsweisen konkret vorzumachen, das heißt beispielsweise im Rollenspiel mit sich selbst (also abwechselnd in unterschiedliche Rollen schlüpfen) vorzuspielen, wie (zum Beispiel) gute Zusammenarbeit funktioniert.

Regeln!

Funktionierende, klare Regeln sind das Rückgrat jeder Form guten Unterrichts. Das gilt genau so für die Phasen des Unterrichts, in denen die Schüler selbstständig lernen. Diese Regeln sind für die selbstständige Arbeit besonders wichtig:

- Weil viele gleichzeitig sprechen, muss jeder leise sprechen!
- Wenn wir zusammen arbeiten, beachten wir die Regeln für gute Zusammenarbeit.
- Fragen werden ohne Lehrer allein oder am Tisch geklärt.
- Arbeitsmaterialien und Medien werden pfleglich behandelt und so zurück gegeben, wie wir sie erhalten haben.
- Am Computer wird nur bearbeitet und recherchiert, was direkt zum Arbeitsauftrag gehört.
- Chat, Mail, SMS oder das Aufrufen von nicht arbeitsbezogenen Webseiten sind nicht erlaubt.

Die Regeln müssen mit den Schülern ausführlich besprochen werden. Das heißt, sie werden begründet und an Beispielen erläutert. Das gilt gleichermaßen für die **Regeln für gute Zusammenarbeit**. Die Schüler sollten die Möglichkeit haben, Regeln auch zu modifizieren und mit zu gestalten. Es muss darauf geachtet werden, die Anzahl der Regeln zu beschränken, fünf bis sechs Regeln sind genug. Regeln sollten nach Möglichkeit positiv und konstruktiv formuliert sein, indem sie benennen, welches Verhalten erwartet wird. Verbote sollten, wenn möglich, vermieden werden.

Es kann hilfreich sein, die gemeinsamen Regeln von allen unterschreiben zu lassen. In jedem Falle sollte ein Plakat mit den Regeln gut sichtbar (große Schrift!) im Klassenraum aushängen.

Die Einhaltung der Regeln muss regelmäßig überprüft werden.

Die Nichteinhaltung von Regeln hat **Konsequenzen**. Es sollte bereits im Vorfeld geklärt sein, welche Folgen die Nichteinhaltung von Regeln hat. Jeder Schüler muss wissen, welche Konsequenzen ihn erwarten, wenn er sich nicht an die Regeln hält. Gleichzeitig braucht es auf Seiten des Lehrers Fingerspitzengefühl, wann es im Interesse konstruktiver Arbeit auch einmal sinnvoll sein kann, „Fünfe gerade" sein zu lassen. Eine aktive, konstruktive Arbeit in einer Gruppe, bei der es vielleicht einmal zu laut wird, muss nicht gleich mit Konsequenzen geahndet werden

Sinnvolle Konsequenzen sind vor allem „logische" oder „natürliche" Folgen (vgl. Rudolf Dreykurs), zum Beispiel: Der Lehrer gibt (auch wenn es schwerfällt!) keine Antwort auf Fragen der Schüler, Computerverbot oder der sofortige Ersatz von beschädigten Arbeitsmaterialien.

Selbstständig lernen: Gelingensvoraussetzungen

Gut zusammen arbeiten heißt:

- Sich aktiv an der Arbeit und am Arbeitsergebnis beteiligen: seine Meinung äußern
- Ideen beisteuern
- Vorschläge machen
- Wissen einbringen
- Fakten recherchieren
- Sich gegenseitig zeigen, was man allein gearbeitet oder vorbereitet hat
- Sich gegenseitig helfen, Fehler zu finden und zu verbessern
- Sich gegenseitig helfen, einen Text, eine Aufgabe oder Erklärung zu verstehen
- Sich nicht in den Vordergrund spielen, den anderen die Möglichkeit geben, ihre Meinung zu äußern und sich gleichberechtigt zu beteiligen
- Einander gut zuhören
- Kompromissbereit sein und Kompromisse schließen

Feedback!

Regelmäßiges Feedback ist ein wichtiges Instrument zur Qualitätsentwicklung und -verbesserung des Unterrichts, in dem die Schüler häufig selbstständig arbeiten. Wenn über die Ergebnisse der verschiedenen Feedbacks gemeinsam gesprochen wird, erhält der Lehrer oder die Lehrerin wichtige Hinweise zur Verbesserung des Unterrichts. Zum Beispiel:

- Ich habe in diesem Unterricht etwas **Neues gelernt**, nämlich ...
- Ich habe in diesem Unterricht etwas **für mich Wichtiges** gelernt, nämlich ...
- Ich habe in diesem Unterricht **wenig oder nichts für mich Wichtiges** gelernt. Das liegt wahrscheinlich daran ...

Klassenräume gestalten!

Vorab: Auch in ganz normalen, traditionellen, schlecht ausgestatteten, zu kleinen Klassenräumen können Schüler selbstständig lernen! Zu häufig müssen die unzureichenden räumlichen Bedingungen als Entschuldigung für traditionellen frontalen Belehrungsunterricht herhalten. Selbst in vollgestellten Klassenräumen lassen sich mit ein wenig Fantasie und mit klaren Regeln Zusammenarbeit und selbstständige Lernformen realisieren!
Selbstverständlich fördert ein **schön gestalteter** und gut ausgestatteter Klassenraum das Lernen. Die ästhetisch ansprechende Gestaltung (Wandfarbe, Bilder, Blumen, möglichst Teppichboden, schönes Mobiliar) befördern das Lernen, weil man sich in derart gestalteten Räumen gerne aufhält. Und dort, wo ich gerne bin, kann ich besonders gut

lernen. Das wurde gerade erst wieder durch die Forschungsergebnisse der Neurobiologie eindrucksvoll bestätigt. Zweitens vermitteln solch bewusst schön gestaltete Räume den Lernenden unbewusst das Gefühl, dass das Lernen hier wirklich wichtig genommen wird, sonst hätte man sich mit dem Raum ja nicht so eine Mühe gegeben.

Zudem ist ein solches „Lernatelier" (Peter Fratton, www.sbw.edu) **funktional** ausgestattet: mit möglichst flexiblem Mobiliar, das schnell umgestellt werden kann für Einzel-, Partner- und Gruppenarbeit und Formen des gemeinsamen Austausches (Stuhl- bzw. Sitzkreis), mit Präsentationsmaterial und Stellwänden und natürlich mit Material für die selbstständige Recherche (Wörterbücher, Lexika, Computer, Internet).

Selbstständig lernen: Gelingensvoraussetzungen

Sitzordnung

Im Prinzip funktioniert individualisierter Unterricht mit hohen Anteilen selbstständigen Lernens mit jeder Sitzordnung. Selbst die traditionelle „frontale“ Sitzordnung mit nach vorne ausgerichteten Bankreihen kann gut funktionieren, wenn man mit den Schülern die schnelle Veränderung dieser Aufstellung übt. So müssen sich beispielsweise nur bestimmte, vorher festgelegte Schüler umdrehen und an den Tisch in der Reihe hinter sich setzen, schon kann die Gruppenarbeit beginnen. Für die sehr effiziente Kooperation zu zweit, also mit einem Banknachbarn, muss gar nichts geändert werden. Und für den gemeinsamen Austausch, zum Beispiel für Präsentationen und Gespräche über Arbeitsergebnisse, lässt sich selbst bei extrem frontaler Sitzordnung schnell ein Kreis bilden (wer spricht schon gerne mit einem Rücken?!): Die Schüler in der vordersten Reihe setzen sich einfach auf die andere Seite ihres Tisches (oder auf den Tisch) und schauen dann nach „hinten“, die Schüler in den mittleren Reihen setzen sich schnell an die Seiten.

Wie gesagt, auch das geht. Aber wirklich sinnvoll ist so eine frontale Sitzordnung natürlich nicht. Sie ist auch eine hervorragende Methode, jeden, wirklich jeden Klassenraum zu klein werden zu lassen, weil er einfach vollgestellt ist. Besser geeignet sind in der Regel Gruppentische, die an die Wand gestellt werden, sodass in der Mitte des Raumes ein freier Platz entsteht, der zum Beispiel genutzt werden kann, um dort schnell einen Stuhlkreis für gemeinsame Gespräche zu bilden.

Ausstattung mit Medien

Es ist ein Irrtum zu glauben, selbstständiges Lernen würde nur in erstklassig (u.a. mit Medien) ausgestatteten Räumen funktionieren.

Selbstständig lernen: Gelingensvoraussetzungen

Auch in Klassenräumen, in denen die gute alte Wandtafel das einzige Medium ist, können Schüler selbstständig lernen! Natürlich ist eine gute Medienausstattung hilfreich. Insbesondere die Arbeit mit Computer und Internet ist für das selbstständige Lernen außerordentlich sinnvoll. Einer guten Ausstattung mit (digitalen) Medien sollte deshalb ein besonderes Augenmerk gelten. Gerade hinsichtlich der Ausstattung mit Computern und Internetanschlüssen gibt es nach wie vor beachtliche Fördermöglichkeiten, sowohl von Kultusbehörden als auch von privaten Sponsoren oder Stiftungen. Vielfach werden die vorhandenen Fördermöglichkeiten bei weitem nicht ausgeschöpft. Natürlich sind bei der medialen Ausstattung Pragmatismus und Fantasie gefragt. Denkbar (und erfolgreich umgesetzt) sind zum Beispiel:

Die „große Lösung": Persönliche Notebooks für jeden Schüler einer Klasse oder sogar einer Schule mit Internetanschluss über WLAN in der ganzen Schule.

Die „ganz kleine" Lösung: Einen Computer für jeweils 2 Schüler im „Computerraum" der Schule. Um vernünftig selbstständig recherchieren zu können, ist ein schneller Internetzugang auch bei der „ganz kleinen" Lösung unerlässlich. Mithilfe von persönlichen „USB-Sticks", die hohe Speicherkapazität für sehr wenig Geld bieten, ist es heutzutage sehr einfach, dass Schüler auch an gemeinsam genutzten Computern in individuellen Lernumgebungen arbeiten können und Ergebnisse für sich persönlich speichern und anderen zur Kooperation zu Verfügung stellen.

Zwischen der großen und der ganz kleinen Lösung gibt es vielfältige Varianten, das selbstständige Lernen mithilfe von Computer und Internet in der Klasse und in der Schule zu ermöglichen.

Computer- und Internet-Know-How

Weil die Arbeit mit Computer und Internet so bedeutsam für das selbstständige Lernen ist, braucht es nicht nur eine gute „IT"-Ausstattung. Schüler und Lehrer müssen auch über das nötige Know-How verfügen, um mit diesen Medien effizient arbeiten zu können. Die Lehrkräfte sollten sich dabei nicht nur auf die „Computerfreaks" unter ihren Schülern verlassen, sondern sollten selbst über eine solide Grundbildung in Sachen „Neue Medien" verfügen und auch selbst in der Lage sein, ihren Schülern mit Tipps und Tricks z.B. bei der Recherche oder der Vorbereitung von Präsentationen zu helfen. Dass Lehrer selbst gut Bescheid wissen, ist unter anderem auch deshalb wichtig, damit sie sich nicht beispielsweise bei der Nutzung des Internets von ihren Schülern „austricksen" lassen.

Selbstständig lernen: Gelingensvoraussetzungen

Statt in „Computerkursen" können die Schüler beim selbstständigen Lernen quasi „on the job" für den Computer fit gemacht werden. Die inhaltliche Vorbereitung einer Präsentation unter Verwendung von „Power-Point" ist didaktisch sinnvoller und effektiver als ein „Power-Point-Kurs"!

Kooperation fördern!

Kooperative Kompetenz, also die Fähigkeit, effizient und konstruktiv in Teams arbeiten zu können, gehört heute zu den wichtigsten Schlüsselqualifikationen, die im Berufsleben eine immer größere Rolle spielen. Wenn man durch entsprechende Unterrichtsorganisation und -angebote bereits Schüler darauf vorbereitet, schlägt man demnach zwei Fliegen mit einer Klappe: Die Schüler sind einerseits besser auf die Zeit nach der Schule vorbereitet und der Unterricht wird durch die Kooperation der Schüler besser, Schüler sind aktiver und lernen dadurch motivierter und besser.

Unterschiede als Chance!

Das Hauptproblem des traditionellen Unterrichts besteht darin, dass in ihm alle Schüler einer Lerngruppe über einen Kamm geschoren werden: Alle müssen zur gleichen Zeit das Gleiche lernen und tun, trotz zum Teil extrem ausgeprägter Unterschiede hinsichtlich der individuellen Lernvoraussetzungen, Kompetenzen und Interessen. „Im Gleichschritt, marsch!", heißt die Devise. Im Interesse der „Abprüfbarkeit" des Wissens „müssen" angeblich Unterschiede nivelliert werden. Zu Lasten der „Überflieger" genauso wie zu Lasten der „Schwachen" und langsameren Lerner und zu Lasten derjenigen, die vielleicht gerade in dem einen Fach über besondere Stärken verfügen bzw. Defizite haben.

Selbstständig lernen: Gelingensvoraussetzungen

Formen des selbstständigen Lernens ermöglichen individualisierten Unterricht, in dem der einzelne Lerner stärker zu seinem Recht kommt. Zugleich bietet die nunmehr akzeptierte Unterschiedlichkeit der Schüler und ihrer Lernvoraussetzungen große Chancen. Das Lernen mit und von einander fördert die „Starken" genau so wie die „Schwachen". Auch leistungsstarke Schüler können von langsamen Lernern profitieren, nicht nur, indem sie selbst helfen und erklären, sondern auch indem sie ihren eigenen Horizont durch andere Sichtweisen, Fragen und Kompetenzen erweitern. Gruppenarbeit kann nicht mehr in der Weise ablaufen, dass die „guten" Schüler die Arbeit erledigen und die anderen „schmarotzen". Vielmehr wird die Qualität der Arbeit gesteigert, weil sehr unterschiedliche Kompetenzen zusammen gekommen sind und die Grundlage für ein besseres und differenzierteres Arbeitsergebnis gelegt wurde.

Selbstständig lernen: Gelingensvoraussetzungen

Inhalt vor Methode! ✂ Aha-Erlebnisse ermöglichen!

Auch wenn es hier um Methoden des selbstständigen Lernens geht, darf die Lehrkraft nie vergessen, dass Methoden (des Lehrens genauso wie Methoden des Lernens) immer nur Mittel zum Zweck sind, um besseres Lernen von Inhalten und Kompetenzen zu ermöglichen! Gerade wenn es um neue Methoden geht, gerät dieser Aspekt zuweilen ein wenig in Vergessenheit, zumindest besteht die Gefahr, dass es nun vor allem um das „Wie“ geht.

Der Mittelpunkt jeden Unterrichts bleibt aber das „Was“! Und es bleibt die Aufgabe der Lehrkraft, den Schülern substantiellen Lernzugewinn zu ermöglichen. Und das geschieht wie in jedem guten Unterricht durch Themen und Fragestellungen, die für die Schüler und ihr Leben bedeutsam sind und die eigenes Nachdenken und eine eigene Fragehaltung auslösen. Das „Zauberwort“ für inhaltlich ertragreiches Lernen ist das „Aha-Erlebnis“. Und die wichtigste Frage der Planung von Unterricht, egal in welcher Weise er gestaltet wird, lautet: Was sind potenzielle „Aha-Erlebnisse“ für meine Schüler?

Selbstständig lernen: Gelingensvoraussetzungen

Die Verantwortung für das Lernen teilen!

Traditioneller Unterricht bedeutete implizit immer, den Schülern letztlich nicht die Verantwortung für ihr Lernen zu geben. Im „eigenverantwortlichen Unterricht" sollen die Schüler nun die Verantwortung für ihr Lernen übernehmen. Das heißt aber nicht, dass der Lehrer oder die Lehrerin nun keine Verantwortung hat. Die Lehrkraft trägt die Verantwortung für lernförderliche **Rahmenbedingungen**, wie beispielsweise eine konstruktive Lernatmosphäre, wirksame Regeln oder das Bereitstellen geeigneter Arbeitsmaterialien etc. sowie dafür, den konstruktiven Austausch über Gelerntes zu ermöglichen. Sie ist auch weiterhin dafür zuständig, Schüler zu faszinieren, Probleme und Fragen entstehen zu lassen, die lohnend sind, von Schülern beantwortet, gelöst, bearbeitet zu werden, sie ist eben dafür zuständig „potenzielle Aha-Erlebnisse" zu ermöglichen!

Selbstständig und gemeinsam lernen!

Guter Unterricht ist immer ein **Mix** aus gemeinsamen, von der Lehrkraft gelenkten Unterrichtsformen (zum Beispiel Lehrerinstruktion, Austausch in Unterrichtsgesprächen, Präsentationen) und selbstständigen und kooperativen Lernformen.

„Individualisierter Unterricht" heißt nicht (ausschließlich oder überwiegend) individuelles Lernen. Nachhaltiges und erfolgreiches Lernen erfolgt auch im individualisierten Unterricht wesentlich im **Diskurs mit anderen und im Lernen von einander**.

Die Lehrkraft: „Chef" und Lernbegleiter

Auch im individualisierten Unterricht lernen Schüler nicht ausschließlich intrinsisch motiviert und völlig selbst gesteuert. Es bedarf auch hier der klugen **Steuerung und erzieherischen Intervention** durch die Lehrkraft.

Links und Literatur

- Thomas Unruh & Susanne Petersen:
  Guter Unterricht (AOL-Verlag 2008, 9. Aufl.)
  und „Guter Unterricht - Trainingsmodule (AOL-Verlag 2004),
  jeweils Kapitel „Selbstständig lernen"
- Martin Herold & Birgit Landherr:
  SOL - Selbst organisiertes Lernen (Schneider Verlag 2005)
- www.znl-ulm.de/SOL_Praesentation.pdf
  (Selbstorganisiertes Lernen nach Herold / Landherr)
- www.guterunterricht.de
- Beispiele und Anregungen in Bildern:
  www.flickr.com/photos/guterunterricht

Mein Methoden-Portfolio „Selbstständig lernen“

Mein Methoden-Portfolio „Selbstständig lernen“ (AOL-Verlag 2008) ist eine Sammlung von Arbeitsblättern. Jeder Schüler, jede Schülerin einer Klasse der Sekundarstufe I, in der Formen des selbstständigen Lernens regelmäßig praktiziert werden, verfügt über ein eigenes Methoden-Portfolio. Dieses ist einerseits „**Lexikon**“ der wichtigsten Methoden des selbstständigen Lernens und zugleich persönliches **Portfolio**, in dem eigene Lernerfahrungen dokumentiert und individuelle Lernmethoden gesammelt werden.

Eigene Lernerfahrungen und Ideen zum selbstständigen Lernen können online im „Guter-Unterricht-Methoden-Blog“ veröffentlicht werden: www.guterunterricht.de/methoden.htm

Auf den Arbeitsblättern des Methoden-Portfolios „Selbstständig lernen“ werden die dargestellten Methoden plausibel begründet und anhand von Beispielen erläutert und illustriert.

Ein wichtiger Bestandteil sind Feedback-„Checklisten“ (Kopiervorlagen zur mehrmaligen Verwendung), mit deren Hilfe beispielsweise die Erfolge des eigenen Lernens oder die Qualität von Präsentationen evaluiert werden können.

Mein Methoden-Portfolio „Selbstständig lernen"

Mein Methoden-Portfolio „Selbstständig lernen": Inhalt Selbstständig lernen

- Mit dem Methoden-Portfolio arbeiten
- Selbstständig lernen: Was heißt das – was bringt das?
- Selbstständig lernen: Regeln
- Ideen finden und ordnen
- Ideen ordnen mit einer Mindmap
- Keine Angst vor Fehlern!
- Fehler finden und verbessern
- Vokabeln lernen: Vokabelkartei
- Vokabeln lernen: MP3 & Co.
- Merktechniken
- Schreibkonferenz
- Sich konzentrieren
- Mein Konzentrationstraining
- CHECKLISTE: Mein Lernen (allg.)
- CHECKLISTE: Mein Lernen im letzten Unterricht

Zusammen arbeiten

- Gut zusammen arbeiten
- Gut zusammen arbeiten: Wichtige Jobs
- Eine Aufgabe oder einen Text gemeinsam bearbeiten
- Gut zusammen arbeiten: Gut zuhören
- Gut zusammen arbeiten: Expertenrunde und Teamtausch
- Gut zusammen arbeiten: Schriftlich diskutieren
- Texte gemeinsam am Computer bearbeiten
- CHECKLISTE: Zusammenarbeit

Informationen beschaffen

- Wo kann man sich selbstständig Informationen beschaffen?
- Internetrecherche: So klappt's

Mein Methoden-Portfolio „Selbstständig lernen"

Texte lesen und verstehen

- Texte verstehen
- Texte strukturieren
- Strukturierungshilfe
- Texte überarbeiten
- CHECKLISTE: Texte lesen und verstehen

Ergebnisse präsentieren

- Arbeitsergebnisse präsentieren
- CHECKLISTE: Vorbereitung von Präsentationen
- Ergebnisse online präsentieren
- CHECKLISTE: Präsentationen für die Zuhörer
- Feedback-Ritual nach Präsentationen

Arbeitsmaterial organisieren

- Hefte, Mappen, Portfolios führen
- Reinschrift: Tipps
- Heftführung

Portfolio-Vorlage: Meine Methoden

- Meine Methoden
- CHECKLISTE: Meine Methoden

Mein Methoden-Portfolio „Selbstständig lernen“

Mit dem Methoden-Portfolio arbeiten

Die didaktische Idee des Methoden-Portfolios besteht darin, Schülerinnen und Schülern der Sekundarstufe I (etwa Klasse 7 bis 10) ein Repertoire professioneller Methoden des selbstständigen Lernens im Unterricht (und z.T. auch zu Hause) zur Verfügung zu stellen, das sie selbst ergänzen, erweitern, korrigieren und an ihre individuellen Lernvoraussetzungen, Lernbedürfnisse und -erfahrungen anpassen können.

Jeder Schüler benötigt deshalb ein eigenes Heft, das er mit seinem Namen versieht und das er individuell gestaltet und „führt". Das Heft kann zwar auch als normales Arbeitsheft verwendet werden. Seine Funktion als individuelles, „wachsendes" und selbst gestaltetes **Portfolio** erfüllt es aber erst dann in vollem Umfang, wenn die einzelnen Arbeitsblätter in einer eigenen Mappe, einem Ringbuch oder beispielsweise einem stabilem Schnellhefter abgeheftet und dann um eigene Blätter ergänzt werden.

Die erzieherische Leitidee des Portfolios besteht darin, dass die Schülerinnen und Schüler durch die Arbeit mit **ihrem** Methoden-Portfolio lernen, Verantwortung für ihr eigenes Lernen zu übernehmen. Aus diesem Grunde sind im Portfolio eine Reihe von Arbeitsblättern enthalten, die die Schüler dazu anhalten und anleiten, regelmäßig den **Blick auf das eigene Lernen**, die eigene Lernentwicklung und die Lernfortschritte zu werfen.

Mein Methoden-Portfolio „Selbstständig lernen"

Diese **Checklisten** sind - im Gegensatz zu den andern Arbeitsblättern des Methoden-Portfolios - Kopiervorlagen. Wenn die Lehrkraft diese Checklisten regelmäßig kopiert und die Schüler mithilfe dieser Checklisten ihr Lernen regelmäßig (z.B. zwei Mal im Jahr) evaluieren, können sie damit hervorragend ihre **Lernentwicklung** verfolgen und dokumentieren und sich mithilfe der Ergebnisse konkrete **Ziele für ihre Weiterarbeit** setzen.

Die Arbeit mit dem Methoden-Portfolio im Unterricht ist möglich sowohl in Klassen, die bereits über Erfahrungen mit selbstständigen Arbeitsformen verfügen, als auch in Lerngruppen, die gerade erst anfangen, sich auf den Weg zu machen. Rahmenbedingungen, die diese Arbeit erleichtern, wurden im Abschnitt „Gelingensvoraussetzungen" dargestellt.

Die selbstständige Arbeitsweise wird auf den Arbeitsblättern des Methoden-Portfolios genau erklärt. Es empfiehlt sich unbedingt, die einzelnen Aspekte („Kapitel") des selbstständigen Lernens **nacheinander** „step by step" einzuführen, zu klären, zu üben. Natürlich reicht es in Klassen, die bereits gewohnt und in der Lage sind, sehr selbstständig zu arbeiten, die Schüler nur darauf hinzuweisen oder daran zu erinnern, dass sie in ihrem Methoden-Portfolio Kriterien für gute Zusammenarbeit finden. In den meisten Fällen wird es aber notwendig und sinnvoll sein, den jeweiligen Aspekt detailliert mit den Schülern zu besprechen, Beispiele zu geben und Fragen zu klären.

Konzentration lernen: Was können Lehrer tun?

Selbstständiges Lernen braucht – wie jedes Lernen – Konzentration. Auf die zahlreichen privaten und häuslichen Ablenkungen, die die Konzentrationsfähigkeit der Schüler stark beeinträchtigen, haben Lehrer keinen Einfluss. Das im Methoden-Portfolio „Selbstständig lernen“ enthaltene einfache Programm soll den Schülern dabei helfen, sich dieser Ablenkungen bewusst zu werden und besser damit umzugehen.

Lehrer können die Konzentrationsfähigkeit ihrer Schüler durch die Gestaltung ihres Unterrichts unterstützen:

Machen Sie „Konzentration“ zum Unterrichtsthema! Fragen Sie Ihre Schüler:

- Wie, wann und wo kannst **du** dich am besten konzentrieren?
- Wodurch wird **deine** Konzentration besonders beeinträchtigt?
- Was könnte **deine** Konzentration im Unterricht erleichtern?

Dies kann im Unterrichtsgespräch ebenso geschehen wie in einer schriftlichen Befragung.

Was Konzentration im Unterricht erleichtert

Die Schüler aktivieren

Langeweile ist der Feind jeglicher Konzentration. Wo Langeweile herrscht, haben Ablenkungen ein leichtes Spiel. Natürlich soll der Lehrer nicht den Entertainer spielen, der seine Schüler durch „Mätzchen“ bei Laune hält. Aber Unterrichtsformen, die Schüler aktivieren, fördern Konzentration:

- Partner- und Gruppenarbeit, bei der die Schüler leise miteinander sprechen können
- Projektarbeit
- Stations- und Werkstattarbeit

Auch im traditionellen Frontalunterricht kann man Schüler durch regelmäßige Phasen von Partnerarbeit aktivieren, bei der die Schüler zu zweit leise („murmelnd“) zum Thema sprechen.

Auszeiten auch in der Stunde ermöglichen

Jeder Erwachsene weiß eigentlich, wie schwer es ist, sich jeden Tag fünf bis sechs Stunden aufmerksam zu konzentrieren. Die wenigen offiziellen Pausen reichen einfach nicht aus, um dem natürlichen Bedürfnis nach Entspannung, nach Bewegung, nach Gespräch gerecht zu werden! Deshalb sollte es in jeder Stunde auch Auszeiten geben, in denen man kurz aufstehen kann, in denen man Wasser trinken, ein paar Worte „einfach so“ wechseln und ganz einfach einen Moment verschnaufen kann.

Bewegung ermöglichen

Das andauernde Sitzen im Unterricht macht krank und behindert die Konzentration. Geben Sie Ihren Schülern so oft wie möglich Gelegenheit, sich auch während des Unterrichts im Klassenraum zu bewegen!

Machen Sie regelmäßig Auflockerungs- und Bewegungsübungen mit der ganzen Klasse! Zum Beispiel: sich gemeinsam dehnen und strecken oder sich gegenseitig massieren. Wenn solche Bewegungsphasen regelmäßig stattfinden, werden sie zu selbstverständlichen Ritualen.

Meine Methoden

Die Schülerinnen und Schüler reflektieren anhand von Arbeitsblättern im Methoden-Portfolio „Selbstständig lernen“ ihr eigenes Lernen und dokumentieren die Ergebnisse ihrer Reflexion in **ihrem** Portfolio. Sie haben zusätzlich die Möglichkeit, gute Ideen online im „Guter-Unterricht-Methoden-Blog“ (http://methoden.guterunterricht.de) zu veröffentlichen und sich mit anderen Lernern über ihre Erfahrungen auszutauschen.

Meine Methoden: Beispiel

Für welchen Arbeitsbereich (z.B.: Präsentieren)?:
Texte überarbeiten

Meine Erfahrungen mit der Methode:
Schreibkonferenz

Das funktioniert besonders gut:
*Durch das Vorlesen der Texte merkt man,
was gut klingt und was nicht.*

Das habe ich / haben wir an der Methode verändert / verbessert:
*Die Texte nach der Besprechung auf dem Computer schreiben
und die Rechtschreibung mit der Rechtschreibprüfung checken.*

Worauf ich bei der Anwendung der Methode besonders achte:
*Darauf, was an den Texten der anderen
besonders gelungen ist.*

Meine / unsere Methode für den Arbeitsbereich …
Texte überarbeiten :

*Den Text jemandem vorlesen oder zu lesen geben, der gar
nichts von der Sache versteht. Versteht er den Text gut?*

Meine Methoden:

Für welchen Arbeitsbereich (z.B.: Präsentieren)?:

Meine Erfahrungen mit der Methode:

Das funktioniert besonders gut:

Das habe ich / haben wir an der Methode verändert / verbessert:

Worauf ich bei der Anwendung der Methode besonders achte:

Meine / unsere Methode für den Arbeitsbereich ...

Feedback zum selbstständigen Lernen an Stationen

Das Thema der Station war interessant:

Station Nr.	++	+	-	--
1				
2				
3				
4				

Ich habe etwas Neues / Wichtiges gelernt:

Station Nr.	++	+	-	--
1				
2				
3				
4				

Die Station war einfach zu bearbeiten:

Station Nr.	++	+	-	--
1				
2				
3				
4				

Feedback zum selbstständigen Lernen an Stationen

Ich habe konzentriert und schnell gearbeitet:

Station Nr.	++	+	-	--
1				
2				
3				
4				

Das hat mir besonders gut gefallen:

Nr.	
1	
2	
3	
4	

Meine Verbesserungsvorschläge:

Nr.	
1	
2	
3	
4	

++ stimmt überwiegend	+ stimmt oft	- stimmt weniger	- - stimmt nicht

Texte verstehen

Das selbstständige Lesen und Verstehen von Texten sollte im Unterricht regelrecht trainiert, an Beispielen vorgemacht und regelmäßig geübt werden.

Auch hier spielt das Vorbild des Lehrers eine besondere Rolle. Er oder sie kann Vorbild sein durch die Arbeit mit **Texten an der Tafel, auf Folien oder Arbeitsblättern**: Deren Gestaltung bereitet die Schüler auf die erfolgreiche selbstständige Arbeit mit Texten vor, z.B.

- Verwendung von Farben für Schriften, Unterstreichungen, Karten für unterschiedliche Bedeutungsebenen
- Hervorhebungen und Unterstreichungen
- Klare (auch Zwischen-) Überschriften
- Hervorhebung von besonders Wichtigem im Kasten
- Verständliche Verwendung von Zeichen und Symbolen

Besonders wirksam ist es, die effiziente Bearbeitung von Texten exemplarisch vorzumachen und das eigene Tun dabei zu kommentieren, zu erläutern, zu begründen.

Trainingsprogramme für die ganze Klasse

- Arbeit mit der „Strukturierungshilfe" (s. S. 41) („Klarheit ins Chaos bringen") und Vergleich der Ergebnisse
- Einen Text abschnittsweise vorlesen, jeder notiert das seiner Meinung nach wichtigste Wort
- Knappe Zusammenfassungen für gemeinsam gehörte kurze Geschichten formulieren
- Beispiele für Gliederungen und Inhaltsverzeichnisse aus einem Buch besprechen
- Regelmäßiges Feedback zur Kompetenz, Texte zu lesen und zu verstehen
- Wichtige Strukturierungstipps sammeln und in der Klasse aushängen

Strukturierungshilfe: Klarheit ins Chaos bringen

	Wer oder Was?	Was passiert?	Wann?
1			
2			
3			
4			

Warum?	Wie geht es weiter? Was folgt daraus?

Zusammen arbeiten

Es reicht nicht aus, Schülern nur zu sagen, **dass** sie zusammen arbeiten sollen. Schüler müssen wissen, **wie** man gut zusammenarbeitet. Sie müssen Gütemerkmale, also Kriterien guter Zusammenarbeit, kennen und verstehen. Diese Gütemerkmale bilden die Grundlage für differenziertes Feedback zur Zusammenarbeit. Feedback-Ergebnisse wiederum werden zur weiteren Verbesserung der Zusammenarbeit genutzt.

1. Zusammenarbeit im Unterricht thematisieren

Besprechen Sie die Gütemerkmale effektiver und konstruktiver Zusammenarbeit anhand der Arbeitsblätter im Methoden-Portfolio „Selbstständig lernen".

2. Step by step!

Mit einigen wenigen Kriterien, die einfach umzusetzen sind, beginnen Sie. Deren Umsetzung können Sie in Feedbacks überprüfen. Die Anzahl der Kriterien wird nach und nach erweitert.

3. Feedback

Die Umsetzung der Kriterien wird regelmäßig mithilfe der „Checkliste: Zusammenarbeit" überprüft.

4. Auswertung:

Die Gruppe spricht über ihre Ergebnisse:

- Was hat gut geklappt?
- Was ist verbesserungswürdig?
- Was werden wir wie verbessern?

Feedback-Ergebnisse und deren Entwicklung (für ausgewählte Kategorien) werden über einen längeren Zeitraum innerhalb einer Gruppe und / oder für die gesamte Klasse dokumentiert.

5. Konsequenzen

Die Verabredungen zur Verbesserung der Zusammenarbeit werden schriftlich festgehalten (innerhalb einer Gruppe bzw. in der Klasse).

Der Katalog von Kriterien gelungener Zusammenarbeit wird entsprechend erweitert und in die Überprüfung mithilfe der regelmäßigen Feedbacks einbezogen.

Feedback an den Lehrer / die Lehrerin

Manchmal wünscht vielleicht der Lehrer / die Lehrerin Feedback zum Unterricht. Dafür kann dieser Bogen verwendet werden. Um ehrliche Antworten zu erhalten, sollten die Bögen anonym abgegeben werden.

++ stimmt überwiegend	+ stimmt oft	- stimmt weniger	- - stimmt selten oder gar nicht

Fach: .... Thema: ....

++	+	-	- -

Der Unterricht war **gut organisiert**, sodass ich gut selbstständig lernen konnte.

Das lag daran, dass ____

____

____

++	+	-	- -

Das Thema / die Themen des Unterrichts waren interessant und wichtig, sodass ich für mich Wichtiges lernen konnte.

Feedback an den Lehrer / die Lehrerin

Anmerkungen zu den Unterrichtsthemen:

++	+	-	- -

Der Lehrer / die Lehrerin hat für eine gute Lernatmosphäre gesorgt.

Anmerkungen zur Lernatmosphäre:

Was kann der Lehrer / die Lehrerin tun, damit ich in Zukunft **mehr** aus dem Unterricht mitnehme?

Heft- und Mappenführung

Damit das wichtige Thema „Heft- und Mappenführung“ von den Schülerinnen und Schülern angenommen und erfolgreich umgesetzt wird, sollte man ...

- das Thema explizit im Unterricht behandeln,
- den Sinn übersichtlicher, sauberer Heft- und Mappenführung plausibel begründen (siehe Arbeitsblatt S. 48),
- besonders gelungene Beispiele zeigen,
- ein gutes Vorbild sein durch ...
  - gute Schrift
  - gute Tafelbilder und Folien.

Korrekturen

Wenn Schüler die Aufgabe ernst nehmen und ihre Hefte und Mappen wirklich schön gestalten, sollten Korrekturen in diesen Heften und Mappen sehr sparsam erfolgen. Korrekturen und Verbesserungsvorschläge kann man vor allem in den Kladde-Entwürfen anbringen.

Für das „Endprodukt" eignen sich schriftliche Rückmeldungen auf einem Extrazettel (z.B. ⌘ Kompetenzraster Heftführung, S.48). Die Schülerinnen und Schüler sollten sich ihre Ergebnisse gegenseitig zeigen und sich gegenseitig möglichst differenziert Rückmeldung geben (⌘Partner oder kleine Gruppen).

Kompetenzraster Heft- und Mappenführung (Beispiel)

Kriterium	Stufe 1	Stufe 2
Äußere Form	Schrift schlecht lesbar / Materialen in schlechtem Zustand	Schrift unterschiedlich lesbar / Materialien teils in schlechtem, teils in gutem Zustand
Ordnung des Inhalts	Inhalte ungeordnet und unübersichtlich zusammengestellt	Inhalte in Ansätzen geordnet und nur teilweise übersichtlich präsentiert
Vollständigkeit	Vielfach unvollständige und fehlende Inhalte	Einige Inhaltsteile fehlen / sind unvollständig
Qualität einzelner Inhalte / Textstellen	Aufgabe im Ansatz erfüllt / viele sachliche Fehler	Aufgabe teilweise erfüllt / sachliche Fehler vorhanden
Selbstständigkeit	Angebotene Hilfen wurden nicht genutzt	Angebotene Hilfen wurden teilweise genutzt

Kompetenzraster Heft- und Mappenführung (Beispiel)

Stufe 3	Stufe 4
Schrift weitgehend leserlich / Materialien in weitgehend gutem Zustand	Schrift leserlich / Heft / Mappe in (sehr) gutem Zustand
Inhalte weitgehend geordnet und übersichtlich präsentiert	Inhalte übersichtlich und strukturiert präsentiert, Inhaltsverzeichnis vorhanden, Datum bei den einzelnen Beiträgen
Unterlagen sind weitgehend vollständig	Unterlagen sind vollständig
Aufgabe weitgehend erfüllt/sachlich weitgehend richtig	Aufgabe erfüllt/keine sachlichen Fehler
Angebotene Hilfen wurden genutzt, es wurde überwiegend selbstständig gearbeitet	Angebotene Hilfen waren unnötig, weil selbstständig gearbeitet wurde.

Selbstständig lernen: Regeln

Weil viele gleichzeitig sprechen,
muss jeder **leise sprechen.**

Wenn wir zusammen arbeiten, beachten wir die
Regeln für gute Zusammenarbeit.

Fragen werden **ohne Lehrer** allein
oder mit anderen geklärt.

Arbeitsmaterialen und Medien
werden pfleglich behandelt und so zurückgegeben,
wie wir sie erhalten haben.

Am **Computer** wird nur bearbeitet und recherchiert,
was direkt zum Arbeitsauftrag gehört.

Chat, Mail, SMS oder das Aufrufen von nicht
arbeitsbezogenen Webseiten sind nicht erlaubt.

Mein Konzentrationstraining

Mithilfe dieser Liste kannst du deine Konzentrationsfähigkeit deutlich verbessern! Bearbeite zuerst sorgfältig das Arbeitsblatt „Sich konzentrieren“. Finde heraus, wovon du dich zu Hause und in der Schule gerne ablenken lässt. Achte in Zukunft darauf, ob ein bekannter „Ablenker“ deine Konzentration stört.

Setze dir Ziele: Wie lange willst du heute konzentriert an einer Sache arbeiten, ohne dich ablenken zu lassen? Trage dein Ziel in deinen Erfolgs-Check (unten) ein. Trage auch ein, wie gut dir „Clear desk“ und „Clear mind“ gelungen sind.

Meine „Ablenker“

Zu Hause:

____

____

____

____

____

____

____

____

▶ CHECKLISTE

Mein Konzentrationstraining

Mein Erfolgs-Check (☺ 😐 ☹):

	Datum	Datum	Datum	Datum
Mein Konzentrationsziel (in Minuten):				
Clear desk?				
Clear mind?				
Konzentrationsziel erreicht?				

▶ CHECKLISTE

Mein Lernen

Mit dieser Checkliste sollte jeder Schüler von Zeit zu Zeit die Qualität des eigenen Lernens überprüfen, zum Beispiel am Ende einer Unterrichtseinheit, auf jeden Fall rechtzeitig vor den nächsten Zeugnissen.

Die Checkliste beinhaltet alle wichtigen Merkmale, die notwendig sind, um erfolgreich selbstständig zu lernen.

Um diese Checkliste regelmäßig, also mehrmals nutzen zu können, muss sie kopiert werden, bevor man etwas einträgt, am besten vom Lehrer.

++ stimmt überwiegend	+ stimmt oft	- stimmt weniger	- - stimmt nicht

Name: .... **Datum:** ....

Ich habe mich aktiv und konzentriert selbst darum gekümmert, ...

← das Thema des Unterrichts zu verstehen	++	+	-	- -
← den Inhalt zu **üben**	++	+	-	- -
← die Aufgaben erfolgreich zu bearbeiten / zu lösen.	++	+	-	- -

CHECKLISTE

Mein Lernen

Ich habe mich aktiv an **Unterrichtsgesprächen** mit eigenen Beiträgen beteiligt.	++	+	-	- -
Ich habe mich aktiv und sinnvoll an **Partner- oder Gruppenarbeit** beteiligt.	++	+	-	- -
Ich habe Partner- oder Gruppenarbeit durch meine Beiträge und durch meine Arbeit **voran gebracht.**	++	+	-	- -
Ich habe mich an die Unterrichtsregeln und an die **Regeln** der selbstständigen Arbeit gehalten.	++	+	-	- -

Ich habe mein Lernen **gut organisiert**:

← durch vollständiges Arbeitsmaterial	++	+	-	- -
← durch saubere und übersichtliche Heft- und Mappenführung	++	+	-	- -

▶ CHECKLISTE

Mein Lernen im letzten Unterricht

Mit dieser Checkliste sollte jeder Schüler von Zeit zu Zeit die Qualität des eigenen Lernens überprüfen, zum Beispiel am Ende einer Unterrichtseinheit, auf jeden Fall rechtzeitig vor den nächsten Zeugnissen.

Die Checkliste beinhaltet alle wichtigen Merkmale, die notwendig sind, um erfolgreich selbstständig zu lernen.

Um diese Checkliste regelmäßig, also mehrmals nutzen zu können, muss sie kopiert werden, bevor man etwas einträgt, am besten vom Lehrer.

++ stimmt überwiegend	+ stimmt oft	- stimmt weniger	- - stimmt selten oder gar nicht

Name: .... **Fach:** ....

Thema: ....

Ich habe in diesem Unterricht etwas **NEUES gelernt**, nämlich:

____

____

____

▶ CHECKLISTE

Mein Lernen im letzten Unterricht

Ich habe in diesem Unterricht etwas **für mich Wichtiges** gelernt, nämlich:

++	+	-	- -

____

____

____

Ich habe in diesem Unterricht etwas so **geübt**, dass ich es jetzt besser kann als vorher.

++	+	-	- -

Ich habe in diesem Unterricht **wenig oder nichts für mich Wichtiges** gelernt. Das liegt wahrscheinlich daran:

++	+	-	- -

____

____

Was kann **ich** tun, damit ich in Zukunft **mehr** aus dem Unterricht mitnehme?

____

____

____

____